BIOGRAPHIES
ET PORTRAITS D'APRÈS NATURE
DES
CANDIDATS SOCIALISTES

DU DÉPARTEMENT DE LA SEINE

Liste adoptée par le Comité central démocrate-socialiste

PAR

LE CITOYEN CH. JOUBERT

Dessins par le citoyen CH. MARVILLE.

Prix : 15 centimes.

PARIS.
A LA PROPAGANDE DÉMOCRATIQUE ET SOCIALE
RUE DES BONS-ENFANTS, 1.
1849.
—
Les formalités exigées par la loi étant remplies, on peut crier cette brochure.

AUX ÉLECTEURS DÉMOCRATES SOCIALISTES.

Dans quelques jours nous allons être appelés à élire nos représentants à l'Assemblée législative. Jamais vote ne fut plus important, et ne se produisit au milieu de circonstances plus graves. La lutte est engagée. La réaction, un moment abattue après février, s'est relevée plus audacieuse. Les conquêtes politiques de février ne sont pas seulement menacées, République ou monarchie, là est la question. De notre union, de notre entente, de notre discipline dépend tout l'avenir de la révolution. Le comité central, élu par les démocrates socialistes de Paris, a formé une liste de vingt-huit candidats à l'Assemblée législative. Les hommes choisis ont tous, à divers degrés, donné des gages à la démocratie.

Unissons-nous donc, que pas un démocrate ne manque à l'appel. Votons comme un seul homme ! Qui peut hésiter ? il s'agit du salut de la République.

LISTE DES CANDIDATS A L'ASSEMBLÉE LÉGISLATIVE

Votée par le Comité démocrate-socialiste des élections.

BAC (Théodore).
CABET.
CHARASSIN (Frédéric), homme de lettres.
CONSIDERANT Victor.
D'ALTON-SHÉE.
DEMAY, lieutenant de chasseurs à pied.
GENILLER, professeur de mathématiques.
GREPPO.
HERVÉ, rédacteur de la République.
BIZAY ouvrier mécanicien.
LAGRANGE, représent. du peuple.
LAMENNAIS.
LANGLOIS, rédacteur du journal le Peuple.
LEBON (Napoléon).
LEDRU-ROLLIN.
LEROUX (Pierre).
MADIER DE MONTJAU ainé avocat.
MALLARMET, monteur en bronze
MONTAGNE, ouvrier tailleur de limes.
PERDIGUIER Agricol.
PROUDHON.
PYAT Félix.
PIB. YRGLLES.
SAVARY, employé au chemin de fer, ancien ouvrier cordonnier.
THORÉ.
VIDAL François, économiste.
BOICHOT Jean Baptiste, sergent major des carabiniers du 7e léger.
RATTIER (Edmond), sergent au 19e de ligne.

LEDRU-ROLLIN.

Ledru-Rollin, né à Paris en 1808, n'avait pas quarante ans quand la révolution de Février éclata, et que l'acclamation populaire le porta au Gouvernement provisoire.

Durant toute sa vie, la République fut son rêve, le but constant de ses efforts, et il travailla sans relâche à son avènement.

Juillet 1830 le voit sur la brèche.

En 1832, son nom se popularise à propos de l'impopulaire mesure de l'etat de siége qui pesait si lugubrement sur Paris.

Plus tard, les victimes tombées sur les pavés de la rue Transnonnain trouvent en lui un vengeur.

De 1834 à 1838, devant la Cour d'assises et la Cour des pairs, il soutient la cause de la démocratie insultée et emprisonnée.

En 1841, il est appelé par les électeurs du Mans à succéder à Garnier-Pagès l'aîné, vigoureux athlète que la mort venait de moissonner.

Deux mois avant la Révolution, il crut que le moment était venu de s'emparer du mouvement des banquets, que des ambitions de portefeuille dirigeaient à leur profit ; il en fit un mouvement révolutionnaire. Personne n'a oublié l'énorme retentissement des banquets de Lille, de Dijon et de Châlon.

Arrive le 24 Février. Le premier il proclame la République à la Chambre des députés et à l'Hôtel de ville. Membre du Gouvernement provisoire, il proposa et fit adopter l'abolition des charges les plus lourdes au peuple. Il s'opposa avec énergie à l'impôt anti-républicain des 45 centimes. — Lors des élections de 1848, ses ennemis ont cherché, par tous les moyens possibles, à l'exclure de l'Assemblée nationale. Il y est arrivé de divers côtés malgré eux. La Seine lui a donné seule plus de 131,000 voix, en dépit des plus misérables intrigues.

Trois départements l'avaient envoyé à l'Assemblée nationale, quinze départements le portent en ce moment sur leurs listes pour l'élire à l'Assemblée législative.

JEAN-LOUIS GREPPO.

Jean-Louis Greppo, né à Pouilly le 10 janvier 1810, est fils d'un vigneron. Il quitta sa famille à l'âge de quatorze ans, et vint à Lyon pour y apprendre l'état de tisseur. La révolution de 1830 le trouva un des premiers sur la brèche, et il prit une part active à cette grande et populaire insurrection. Nourri dans les idées démocratiques, 1832 et 1834 le trouvèrent plus fervent que jamais. Il sentait que le découragement était une faiblesse et que l'énergie seule pouvait amener le triomphe de la sainte cause du peuple. L'immortelle devise des Lyonnais : *Vivre en travaillant ou mourir en combattant*, électrisa son courage, et il prit part à cette grande lutte qui se termina par une défaite plus glorieuse qu'une victoire. Les électeurs du Rhône le récompensèrent de son dévouement à la cause populaire en l'appelant à représenter à l'Assemblée nationale les intérêts des travailleurs. Il vint s'asseoir au milieu du petit nombre des démocrates qui n'ont pas trahi la révolution. Il peut donc être accepté parmi les hommes qui ont bien mérité de la République, et dont la place est marquée d'avance sur les bancs de l'Assemblée législative. La démocratie et le socialisme y trouveront un courageux défenseur.

PROUDHON.

Tout ce que l'esprit a de plus brillant, de plus fin, de plus vigoureux ; tout ce que la raison a de logique et de rectitude mathématique, tout cela se réunit dans la tête de cet ardent et énergique défenseur du peuple.

Nous ne pouvons et nous renonçons à faire en quelques mots la biographie de Proudhon ; il y a des hommes que l'on ne peut analyser, et qui sont tellement complets, que l'on ne peut les peindre de profil.

Proudhon, l'adversaire le plus intrépide de toute tyrannie et de tout arbitraire, a été frappé par le pouvoir réactionnaire, qu'il attaquait avec une supériorité de logique irréfutable. Ne pouvant le vaincre, on l'a condamné. Le peuple, qui n'oublie pas ceux qui souffrent pour sa cause, enverra Proudhon siéger à l'Assemblée législative.

Proudhon est né à Besançon en 1809.

FÉLIX PYAT.

Félix Pyat est né à Vierzon (Cher), en 1814, la grande année des Cosaques et des vétérans de Coblentz. Bien jeune, Pyat se jeta dans la lutte politique : 1830 le trouva sur la brèche. Il y est resté depuis, combattant à outrance la royauté dans les journaux républicains, et faisant l'éducation politique du peuple par le théâtre, où il s'est créé une place élevée, par des œuvres qui portent toutes le cachet de son esprit vif et énergique. L'écrivain populaire salua avec enthousiasme l'arrivée de cette République à l'avénement de laquelle il travaillait depuis tant d'années. Nommé commissaire dans le département du Cher, avec Duplan et Bidault, il sut s'allier toutes les sympathies de ses compatriotes par son administration ferme et impartiale. Envoyé à l'Assemblée nationale par 43,000 suffrages, Félix Pyat a siégé sur les bancs de cette Montagne, dont tous les actes ont été une protestation et une défense des intérêts démocratiques, si odieusement foulés aux pieds par la majorité. Sa parole est venue souvent en aide aux projets de lois républicaines. Orateur plein de verve et d'élan, les démocrates se rappelleront toujours les magnifiques discours de Pyat sur le droit au travail, et ceux plus récents aux paysans et aux soldats. La place de Félix Pyat est marquée à l'assemblée législative.

VICTOR CONSIDERANT.

Le continuateur de Fourier, le propagateur le plus ardent de ses doctrines sociales, le chef reconnu de l'école phalanstérienne, Victor Considerant, est né à Salins (Jura), en 1808. Élève distingué de l'École polytechnique, il embrassa d'abord la carrière militaire. Capitaine du génie, il donna bientôt sa démission pour se consacrer en entier à l'étude des idées phalanstériennes. Fondateur de *la Phalange* et de *la Démocratie pacifique*, dont il est resté le rédacteur en chef, Considerant est auteur d'une multitude d'ouvrages sur la doctrine. D'un esprit mathématique et d'exécution, tous ses travaux ont toujours tendu à l'application immédiate et possible des idées sociales. Nous n'étudierons pas ici (le temps et l'espace nous manquent) le fouriérisme tel que l'entend Victor Considerant. Orateur souvent éloquent, il a parlé plusieurs fois, à l'assemblée constituante, où il a été envoyé par le département du Loiret, en faveur du peuple et des lois populaires. Les démocrates socialistes ne l'oublieront donc pas sur leur liste, certains qu'ils peuvent être que les intérêts de la démocratie et du socialisme auront toujours un défenseur ardent et consciencieux dans Victor Considerant.

CHARLES RIBEYROLLES.

Charles Ribeyrolles est né à Martel (Lot); en 1812, il vint faire son droit à Paris en 1830. La révolution de Juillet ayant chassé la branche aînée des Bourbons, que l'étranger avait imposée à la France, venait d'être escamotée par Louis-Philippe. Les opinions avancées de Ribeyrolles ne lui permirent point d'accepter avec résignation la nouvelle monarchie, qui foulait aux pieds les droits sacrés du peuple, et fondait sa puissance sur le privilége et la corruption. Il s'élança donc avec enthousiasme dans l'arène politique où les républicains combattaient les royalistes et versaient leur sang pour la liberté. Il se lia d'amitié avec Armand Carrel, avec Godefroy Cavaignac ; et, sur leurs conseils, il alla, en 1836, à Pau, pour y rédiger un journal républicain.

En 1839, il partit pour Toulouse, où il devint rédacteur en chef de *l'Emancipation*. En 1845, il revint à Paris pour être attaché à la rédaction de la *Réforme*.

Après la révolution de Février, dont il était un des combattants, Ribeyrolles refusa toute espèce de fonctions, se contentant de rester au journal *la Réforme*, comme rédacteur en chef, pour y continuer à soutenir et défendre les principes de la République démocratique et sociale.

BOICHOT.

Boichot (Jean-Baptiste), né le 20 août à Villiers-sur-Suize (Haute-Marne), après avoir fait quelques études, s'engagea comme volontaire dans le 7e léger, le 2 mars 1839. Son intelligence bien connue lui procura un prompt avancement. Il fut nommé caporal le 1er janvier 1840, caporal-fourrier le 3 juillet suivant, sergent-fourrier le 23 septembre de la même année.

Ses opinions politiques parvinrent alors à être connues de ses chefs, et, depuis ce moment, on mit des obstacles et des entraves à son avancement. Néanmoins, il passa comme sergent fourrier de voltigeurs le 28 février 1843 et comme sergent-major le 3 avril 1845.

Puis arrive la révolution de Février ; il ne craint pas alors d'applaudir avec enthousiasme à l'avénement de la République, et quelques jours après, il passe comme sergent-major dans les carabiniers.

Il aurait dû être nommé sous-lieutenant dans son régiment depuis fort longtemps ; mais les notes marquées à l'encre rouge au ministère de la guerre sont pour lui autant de causes de non avancement. Homme de cœur et de dévouement, Boichot ira à l'Assemblée nationale pour y soutenir les droits méconnus de l'armée, et y défendre la sainte cause du peuple et de la liberté.

AGRICOL PERDIGUIER.

Agricol Perdiguier, né à Mosières, département de Vaucluse, en 1806. Fils de menuisier, il hérita de la profession de son père, ancien capitaine de volontaires en 1792. Le père d'Agricol lui fit donner une éducation supérieure à l'éducation commune. La semence était tombée sur un bon terrain : elle fructifia. Jeté bien jeune sur le tour de France, Perdiguier assista presque encore enfant à toutes les luttes du compagnonnage. Son cœur fraternel fut affligé de ces combats, de ces tueries sans motif qui ensanglantaient alors et les villes et les grands chemins. Il résolut de travailler à y mettre un terme et à remplacer l'esprit d'exclusion qui régnait dans le compagnonnage par l'esprit de concorde, de conciliation et de paix. Après une guerre sans relâche, par la plume et la parole, il devait réussir, et l'*Avignonnois la Vertu*, comme l'appelaient les compagnons, eut la joie, quelques jours après la révolution de Février, de voir réunies, sur la place de Grève, toutes les grandes familles du compagnonnage, si longtemps divisées, se donnant fraternellement la main. Élu représentant de Paris aux élections d'août par 117,000 voix, et dans le département de Vaucluse, il opta pour Paris, et vint s'asseoir immédiatement à l'Assemblée parmi les défenseurs du peuple. Homme instruit et modeste, Perdiguier est auteur de plusieurs volumes sur le compagnonnage, et d'un excellent travail en réponse aux chiffres apocryphes de M. Thiers, sur le travail dans les manufactures.

THÉOPHILE THORÉ.

Théophile Thoré est né à La Flèche (Sarthe), en 1809. Son père, vieux soldat de 1793, avait fait toutes les guerres de la Révolution. Il donna à son fils sa première éducation républicaine. Thoré commença sa vie politique dans les luttes de la Restauration. Carbonaro de 1829, combattant de 1830, il ne commença à écrire qu'en 1839. Collaborateur, à cette époque, de la *Revue encyclopédique*, avec Pierre Leroux; de la *Revue républicaine*, avec Dupont (de Bussac) ; rédacteur du *Réformateur*, avec Raspail, il rédigea plus tard le journal *le Peuple*, avec Godefroy, Cavaignac et Dupoty. Il collaborait en même temps au *Dictionnaire politique*, avec Garnier-Pagès l'aîné ; à la *Revue du Progrès*, avec Louis Blanc, etc., etc. En 1839, Thoré fut condamné à un an de prison, pour publication d'une brochure politique, dans laquelle il appréciait, du point de vue socialiste, l'avenir des partis. — Lorsque Février eut jeté les débris enflammés du trône au pied de la colonne de la Bastille, Thoré fonda, avec Barbès, Pierre Leroux, George Sand, le journal de *la Vraie République*. Porté d'abord candidat aux élections d'avril, un mandat d'amener fut lancé contre lui ; le 16 mai, Il ne put être exécuté ; mais, le 24 juin, le parquet ayant récidivé, Thoré se réfugia prudemment en Angleterre. Porté aux élections de juin par 73,000 suffrages, aux élections de septembre par 64,000, les républicains démocrates socialistes doivent bien une troisième fois ouvrir définitivement la porte et la tribune de l'Assemblée à leur candidat.

CHARLES LAGRANGE.

Né à Paris en 1804, Lagrange (Charles) entra fort jeune dans le corps d'artillerie de marine. Rentré dans sa famille en 1829, après plusieurs campagnes, il se fit négociant en vins, combattant de 1830. Lorsque la royauté de Louis-Philippe, reniant son origine, se fut jetée dans les bras des aristocrates et des corrompus, Lagrange devint conspirateur, membre des sociétés secrètes, et prit une part active à la lutte qui éclata à Lyon. Compris dans le procès d'avril, il fut condamné à vingt ans de détention. Amnistié, il se jeta avec tout l'élan généreux de son cœur dans le mouvement républicain, et Février le trouva sur les barricades dans les rangs du peuple. Entré un des premiers à l'Hôtel de ville, il en devint gouverneur lorsque la République eut été proclamée ; mais lorsqu'il eut vu le mouvement révolutionnaire comprimé et détourné de sa route par la coterie monarchique du gouvernement provisoire, il donna sa démission. Élu représentant par le département de la Seine, avec 76,000 voix, chaque fois qu'une protestation ou une mesure de bien-être et d'intérêt populaire a surgi, il a été un des premiers à la soutenir. Les démocrates se souviendront toujours avec reconnaissance du rôle mémorable de Lagrange dans la question d'amnistie. Honneur, désintéressement, dévouement, le cœur de Lagrange contient tous ces nobles sentiments.

MALARMET.

Malarmet, monteur en bronze, est né à Conflans (Haute-Saône) en 1816.

Aussi modeste que savant, Malarmet serait resté complètement inconnu à la démocratie, si la révolution de Février, en posant plus impérieusement la question de la résolution du problème du prolétariat, du travail, ne l'avait jeté au Luxembourg, dans ce palais si longtemps habité par les renégats et les serviteurs des royautés.

Collaborateur depuis plusieurs années de Savary, de Charassin, etc., dans la rédaction du journal *la Fraternité*, Malarmet fut, à ce titre, comme économiste social, appelé à faire partie de la première commission du Luxembourg.

Sa corporation ne pouvant faire un meilleur choix, le nomma à son tour délégué. Après la dissolution de la commission qui siégeait au Luxembourg, Malarmet fit partie du nouveau bureau organisé par les délégués eux-mêmes ; il en est encore un des membres en ce moment. Porté aux précédentes élections, Malarmet a réuni une imposante minorité

J. AMÉDÉE LANGLOIS.

J. Amédée Langlois est né à Paris en 1819. A seize ans, il entra par concours à l'école navale de Brest. Seul républicain au milieu de ses condisciples, il commença alors sa vie de propagande et de discussion. Surnommé *Robespierre* par le troupeau monarchique qui l'entourait, ce surnom l'a suivi dans toute sa carrière maritime. Elève de deuxième classe en 1837, élève de première classe en 1839, enseigne de vaisseau en 1841, il donna sa démission en 1848, ne voulant pas obéir à un ordre de départ ministériel qui lui enjoignait de quitter Paris dans les vingt-quatre heures ; ordre ex-

— 17

ceptionnel, car il le frappait seul parmi les membres de la commission dont il faisait partie.

Combattant de Février, secrétaire du club de la Révolution jusqu'aux journées de Juin, président du club Raisin, au faubourg Saint-Antoine; un des principaux rédacteurs politiques du journal *le Peuple*, Langlois s'est encore fait remarquer par ses articles d'économie politique et sociale, la critique, aussi vive que sensée, des petits traités de l'Académie des sciences morales. Travailleur infatigable, il a été, depuis un an, un des plus hardis, des plus énergiques et des plus résolus athlètes de la démocratie sociale.

NAPOLÉON LEBON.

Il y a des hommes dont l'existence tout entière est un long combat, une lutte sans relâche, sans trêve, contre les monarchies et les despotismes. Napoléon Lebon, né à Dieppe en 1807, est un de ces hommes. Quelques dates suffiront pour le faire connaître. En 1826, à l'âge de 19 ans, il est membre de la fameuse loge maçonnique républicaine des Amis de la Vérité. Combattant de 1830, il devint, en 1831, membre de la société des Amis du Peuple et de la charbonnerie que réorganisa Buonarotti; c'est dans la société de cet ami de Babœuf que M. Lebon puisa ses premiers principes socialistes.

De 1832 à 1834, membre du comité de la société des Droits de l'Homme, il devint l'hôte des cachots de la monarchie de Louis Philippe; emprisonné huit fois; condamné à 15 ans pour coalition, organisation de grève et appel à la solidarité des corporations entre elles; compris dans le procès d'avril, la Cour des pairs le condamna à la déportation. Evadé de Sainte-Pélagie, Lebon resta en exil; il ne voulut profiter d'aucune amnistie, « parce que, disait-il, entre ennemis, « il ne doit y avoir d'amnistie ni à recevoir ni à « donner. » La révolution de Février ouvrit les portes de la France à Lebon, les démocrates lui ouvriront les portes de l'Assemblée législative.

MADIER DE MONJAU AÎNÉ.

Madier de Montjau aîné (Noël-François-Alfred), est né à Nîmes (Gard), en 1814. Entré au barreau de Paris en 1839, il s'y consacra particulièrement tout d'abord aux causes politiques. Presque à son début, avocat de l'un des plus jeunes co-accusés de Barbès; plus tard, de l'un des ouvriers compromis en même temps que Dupoty dans l'affaire Quénisset, il soutenaît, devant la cour d'assises de la Seine, peu de mois avant le 24 Février, le droit d'insurrection, dans l'affaire du journal *la Colonne*. Quelques jours après, il flétrissait énergiquement la conduite du ministère Guizot, dans le procès fait au *Courrier français* par le ministre des finances.

Depuis la révolution de Février, dont il favorisa autant qu'il était en lui le mouvement, en faisant d'énergiques efforts pour déterminer la 2e légion à y prendre part. Il s'est consacré presque exclusivement à la politique, soit dans les clubs, soit devant les tribunaux.

En déclarant, le 1er août dernier, par une lettre adressée à *la République*, que la crainte de la réaction ne le ferait pas, lui du moins, reculer devant la défense des insurgés de Juin, il terminait ainsi : « Plus il y aura de voix pour crier : Malheur aux vaincus ! plus la mienne s'élèvera pour demander justice. » Il fut en même temps le constant et infatigable avocat du journal *le Peuple*; et quand le citoyen Proudhon, à son tour, eut à lutter, le 28 mars dernier, contre les incessantes persécutions du pouvoir, ce fut encore Madier de Montjau qui assista l'illustre socialiste dans ce grand procès, et soutint devant le jury les grands principes de droits républicains, qui avaient été soulevés par le courageux écrivain dans les articles incriminés. Madier de Montjau continuera, nous n'en doutons pas, à l'Assemblée législative, la lutte qu'il a soutenue jusqu'ici avec autant de vigueur et de talent contre les actes du pouvoir et de ses amis réactionnaires.

F. LAMENNAIS.

Félicité-Robert Lamennais est né en 1782. Il ne reste plus rien à dire sur l'illustre auteur des *Paroles d'un Croyant*, du *Livre du Peuple*, et de tant d'autres ouvrages. La vie de Lamennais a été une lutte continuelle, incessante, pour le triomphe d'un principe, celui de la liberté. Adversaire des hommes de la Restauration et de la monarchie, quand il se fut convaincu de leur impuissance, les volumes qu'il publia alors, les *Paroles d'un Croyant* et *le Livre du Peuple*, furent deux coups de foudre qui ébranlèrent la monarchie de Louis-Philippe. Depuis, les intérêts populaires n'ont pas eu de plus vigoureux défenseur, de logicien plus infatigable. Condamné à un an de prison en 1839, Lamennais salua avec joie l'aurore de Février. Trop indépendant pour accepter la place qui lui était marquée dans le gouvernement provisoire, il se fit journaliste. Rédacteur en chef du *Peuple constituant*, il est resté six mois sur la brèche, combattant à outrance pour la Révolution.

Les électeurs de Paris, qui l'ont envoyé avec 104,000 voix à l'Assemblée nationale, renverront notre penseur à l'Assemblée législative.

GUILLAUME GENILLER.

Guillaume Geniller, né le 17 avril 1815, à Thiers (Puy-de-Dôme), est fils d'un sellier-bourrelier. Ses parents voulurent en faire un prêtre, mais dès quinze ans il ne voulut point embrasser l'état que voulait lui donner sa famille, et il sortit de pension pour devenir teneur de livres. A seize ans il apprit l'état de son père, et ce n'est que sur le conseil de ses amis qu'il recommença ses études interrompues. En deux ans il les acheva à Clermont-Ferrand. A sa sortie de collège il fit partie de la société des *Droits de l'homme* jusqu'à sa dissolution. Après les journées d'avril, de concert avec ses amis de Clermont, il organisa une nouvelle société secrète qui rayonna bientôt sur toute l'Auvergne. — Arrivé à Paris, il fut de suite mis en relation avec Buonarotti, Ch. Teste et Voyer d'Argenson, qui lui confièrent la direction de deux sections du faubourg Saint-Marceau. Professeur de mathématiques spéciales et préparateur à l'Ecole polytechnique lors du mouvement réformiste de 1840 présidé par Arago et Lamennais, il fut délégué par le 11ᵉ arrondissement au comité central. En 1846, le premier il eut l'idée, au mois d'avril, de demander la réforme électorale, et les premières réunions se tinrent chez lui. En 1848 il n'a cessé d'être à son poste, et il est devenu un des orateurs les plus distingués et les plus connus des clubs.

PIERRE LEROUX.

Pierre Leroux est né à Berry, en 1798. D'abord compositeur-typographe, il débuta dans la carrière scientifique, en collaboration de Jean Reynaud, par la publication de l'*Encyclopédie nouvelle*, vaste recueil des connaissances philosophiques au dix-neuvième siècle, et que des circonstances imprévues ont laissé inachevé. En 1840, il publia son ouvrage *de l'Humanité*, qui fit école. Rédacteur avec G. Sand de la *Revue indépendante*, il se retira plus tard à Boussac, où il fonda une imprimerie, autour de laquelle se groupèrent bientôt ses disciples ; c'est là qu'il publia plusieurs ouvrages remarquables de polémique philosophique. Envoyé à l'Assemblée constituante par 91,000 suffrages, Pierre Leroux s'y montra l'ardent défenseur des libertés du peuple ; plusieurs fois sa voix a rappelé au respect de la loi le pouvoir qui s'en écartait. Pierre Leroux est connu de tous les démocrates ; son nom est la meilleure et la seule biographie que l'on puisse faire de lui.

JOSEPH-LAURENT MONTAGNE.

Montagne (Joseph-Laurent), ouvrier tailleur de limes, est né le 10 juillet 1810, à Renescurt (Nord). Fils de prolétaire, il se trouve à Paris au moment de la révolution de Juillet, et il n'est point le dernier à saisir le fusil pour aller combattre un gouvernement liberticide. Après la bataille, croyant que la patrie est en danger et qu'il y aura de nouveau à lutter contre la coalition des rois, il s'engage comme volontaire. — En 1833, voyant où nous menait la quasi-légitimité, il demande un congé d'un an, et se retire dans ses foyers pour y faire de la propagande républicaine. Les événements d'avril et de mai ont encore son concours. En 1840, il fait partie du comité départemental de la Seine pour la réforme, comme sous-délégué du cinquième arrondissement. Après cela, il a fait partie, pendant quatre ans, du comité de secours pour les familles des détenus politiques. Lié d'amitié avec Cabet, il commence des études sérieuses sur le socialisme, et devient un de ses apôtres le plus fervent et le plus actif. — En Février, il va combattre à la caserne Popincourt, où il reçoit une blessure à la tête ; après sa prise, il va au Palais-Royal, et lutte jusqu'à la fin au Château-d'Eau. — Exténué de fatigue, il est chargé, malgré sa blessure, d'accompagner les dépêches jusqu'au chemin de fer du Nord, — Plus tard, nommé comme délégué à la commission du Luxembourg, il est porté comme candidat à l'Assemblée constituante, et il obtient 38,500 voix.

Telle est la vie de cet honorable citoyen, qui l'a consacrée tout entière au service de la patrie et à l'affranchissement de l'humanité.

D'ALTON-SHÉE.

Le citoyen d'Alton-Shée est né en 1810. Son père et ses oncles ont fait la grande guerre révolutionnaire et deux d'entre eux ont gagné l'épaulette de général sur le champ de bataille de la République.

Succédant, en 1818, par hérédité, à son grand-père, il est entré à la chambre des pairs en 1837. Dès son début il a pris place parmi les orateurs de l'opposition. Il a combattu sans relâche tous les ministères de la royauté qui se sont succédés jusqu'en février 1848, et a fait contre le gouvernement personnel et corrupteur de Louis-Philippe toute la campagne de la coalition.

Seul à la chambre des pairs, il défendit à la tribune la mémoire de nos grands révolutionnaires ignominieusement traités par les courtisans de la royauté.

En Février, il fit partie des conciliabules qui se tinrent à *la Réforme*, et s'y montra un défenseur énergique des droits du peuple, puis il descendit dans la rue, un fusil à la main, pour y lutter contre le despotisme.

Porté aux premières élections par 45,000 votes, il se désiste en septembre pour ne point diviser le parti socialiste. En décembre, il est nommé président du comité central démocrate et socialiste pour les élections.

Il y a quelques mois, Bonaparte le fait arrêter comme soupçonné d'organiser un complot socialiste, et d'Alton-Shée resté plus de trois semaines renfermé dans une prison, sans motif, sans raison.

Le dévouement de d'Alton-Shée à la cause démocratique et sociale, assure au peuple un défenseur énergique de ses droits et de ses libertés dans le sein de l'Assemblée législative.

RATIER.

Ratier (François-Edmond), sergent au 48ᵉ de ligne, né à Paris le 30 avril 1822. Entré au service en 1843, il devança l'appel de sa classe et obtint d'être incorporé aux zouaves. Revenu en France à la suite d'une longue maladie causée par l'influence du climat, il partit de nouveau pour l'Afrique, et y rejoignit le 48ᵉ de ligne dont il partagea les fatigues et les succès. Rentré définitivement en France avec le 48ᵉ, il travaillait sans relâche à propager les idées sociales, lorsqu'éclata la révolution de Février. Plein d'enthousiasme et d'espérance, il poursuivit avec ardeur cette noble tâche qui devait enfin lui attirer les persécutions réservées aux défenseurs énergiques du droit et de la justice. Renvoyé au dépôt comme un pestiféré, traité de *rebut de l'armée*, il est insensible à ces outrages en pensant aux témoignages d'estime et d'amitié qu'il reçoit de ses camarades.

THÉODORE BAC.

Théodore Bac, avocat, est né à Limoges, en 1810. Bien longtemps avant d'avoir paru à la tribune de l'Assemblée nationale, Bac s'était fait à Limoges une réputation d'éloquence et de républicanisme. La révolution de Février, en l'appelant à la Constituante, a servi à donner la mesure de ses opinions. Orateur habile et énergique, il s'est placé dès l'ouverture des discussions au milieu des membres les plus avancés de la Montagne.

Les droits et les intérêts du peuple ont toujours

trouvé en lui un défenseur ardent, en même temps que le socialisme y trouvait un adepte fervent. Nous espérons que Bac ne s'arrêtera pas dans la marche progressive qu'il a suivie jusqu'ici, et que le peuple de Paris, en le nommant à l'Assemblée législative, lui donnera un encouragement pour l'avenir.

FRÉDÉRIC CHARASSIN.

Frédéric Charassin, homme de lettres, né à Bourg (Ain) en 1804, vint faire son droit à Paris, puis alla à Lyon exercer sa profession d'avocat. Quelques affaires habilement et honnêtement défendues et gagnées le firent promptement connaître.

Pendant le temps de loisir que lui laissait son métier, il étudia les questions sociales et prit la plume pour défendre les travailleurs contre l'indigne exploitation des capitalistes. A cet effet, il publia en 1832, 33 et 34, un grand nombre d'articles dans le journal populaire de Lyon, *l'Écho de la Fabrique*. L'esprit de ses articles, son dévouement constant à la cause populaire, son désintéressement, le firent remarquer parmi les démocrates lyonnais, et lui valurent, à lui, qui avait été reçu avant 1830, membre de la *Charbonnerie*, d'être choisi pour diriger à Lyon les *ventes de la Charbonnerie réformée*.

La malheureuse issue de l'héroïque insurrection lyonnaise de 1834, à laquelle il prit part, le fit appeler comme défenseur des accusés d'avril devant la Cour des pairs.

Après cela, il abandonna sa carrière d'avocat et se livra entièrement à l'étude des questions socialistes. La révolution de Février l'a trouvé en travail de cette grande et nouvelle doctrine populaire. Il fonda le club du faubourg saint Marceau, dont il fut nommé président. Après les journées de juin, Charassin rédigea un nouveau journal, *le Défenseur du Peuple*.

Homme austère, probe, incorruptible et désintéressé, telles sont les qualités que joint Charassin à la haute intelligence qui le distingue.

FRANÇOIS VIDAL.

Est né, en 1812, à Coutras (Gironde). Frappé de bonne heure de l'extension effroyable de la plaie du paupérisme, Vidal commença, de 1843 à 1846, dans la *Revue indépendante* et dans la *Démocratie Pacifique*, une série d'articles d'une lucidité remarquable, repris en partie et complétés dans son ouvrage de *la Répartition des richesses*.

Nommé, à la suite du 24 février, membre de la commission du Luxembourg, Vidal proposa la réalisation immédiate et facile de cités ouvrières, de colonies agricoles, de banques d'État, etc.

En dernier lieu, après avoir publié un nouvel ouvrage, *Vivre en travaillant*, qui contient un plan complet de réformes sociales, Vidal a fondé le journal *le Travail affranchi*, où il continue l'exposition des doctrines nouvelles, et la guerre contre les priviléges et les abus de toutes sortes, qui rongent notre société aristocratique et financière.

HISAY.

Hisay, ouvrier serrurier (40 ans), né à Paris, est un de ces hommes de cœur et d'intelligence qui rendront de grands services au pays. Ouvrier serrurier, il sut se faire aimer et estimer de ses camarades, qui reconnurent bientôt la supériorité de son intelligence. En 1830, il fut un de ces hommes courageux qui renversèrent le trône de Charles X. Peu de temps après, il partit pour l'armée, et passa deux ans en Afrique. Rentré dans l'atelier en 1835, il comprit bientôt que la monarchie constitutionnelle était aussi arbitraire que la monarchie du droit divin; qu'elle avait de moins la sainteté des croyances, et, de plus, la lèpre hideuse de la corruption; il ne cessa de faire dans les ateliers une propagande acharnée contre ce gouvernement hypocrite. Aussi, en mai 1839, fut-il un de ceux qui suivirent Barbès dans sa courageuse insurrection. En Février, il contribua au triomphe de la République; mais il voulait que la révolution de 1848 ne produisît pas seulement un changement dans la forme du gouvernement, mais aussi un changement des institutions qui régissent l'économie sociale.

Après l'insurrection de Juin, Hisay ouvrit le premier club où il fut protesté contre les provocations et les cruautés de quelques-uns des vainqueurs. Traduit plusieurs fois en cour d'assises, l'exposé sincère de ses convictions le fit acquitter par les jurés, qui comprirent qu'ils avaient à juger un homme de cœur, que ses sentiments d'humanité faisaient agir.

SAVARY.

Savary (André-Marie) est né à Angers (Maine-et-Loire, le 16 janvier 1810.

Elevé avec des républicains, il protestait en 1830 contre la royauté de Louis-Philippe. Membre de la société des *Droits de l'Homme* dès 1832, il devint président de section et n'en sortit qu'à sa dissolution. Il écrivit aussi à cette époque dans le *Bon Sens*, et y exposait les opinions démocratiques et sociales les plus avancées. En 1835, ses principes bien connus des accusés d'avril le firent choisir comme *défenseur* devant la Cour des pairs. Lui et Martin Bernard furent les seuls prolétaires alors qui figurèrent en cette qualité dans ce grand débat. En 1838, Savary publia plusieurs articles dans le *Journal du Peuple*, où il attaquait vivement les institutions économiques actuelles. De 1841 à 1848 il a pris une part active et continue à la rédaction du journal *la Fraternité*.

Dès le 25 février, Savary publiait un manifeste énergique dans *la Fraternité*, où il demandait l'éloignement des troupes de Paris, qui, sous l'oppression sauvage de leurs officiers, deviennent malgré elles les instruments du despotisme. Les antécédents de Savary le firent porter candidat par les délégués du Luxembourg et par les clubs, en avril 1848, et il recueillit alors 61,487 suffrages, malgré qu'il ait été confondu, à cette époque, avec un Savary, maître cordonnier de la rue Saint-Honoré ; porté de nouveau en juin, sa candidature à cette élection obtint 63,910 voix.

Appelé par les démocrates du 12º arrondissement, Savary a été adjoint de la mairie jusqu'au 15 mai, où il tomba avec Barbès sous les coups de la réaction.

Savary, ouvrier cordonnier de profession, occupe depuis quelques années un modeste emploi au gaz, qui le fait vivre lui et sa vieille mère.

CABET.

Cabet, ancien avocat, chef de l'école communiste icarienne, est un des hommes qui ont le plus rendu de services à la science sociale.

Avocat distingué dans le barreau de Dijon, il se fit une réputation brillante et méritée dès 1816, dans plusieurs procès politiques. Ce fut vers cette époque que, défenseur du général Vaux, il eut le bonheur de sauver la vie à ce brave général, menacé par les satellites de la restauration. Au moment de la révolution de Juillet, il demeurait à Paris, et il ne faillit point au poste d'honneur qui était réservé à tous les patriotes. Nommé procureur-général en Corse, il sut s'attirer l'estime et l'amitié de tout le monde. Nommé député de la Côte-d'Or, il ne tarda pas à faire une opposition vigoureuse au régime corrupteur de Louis-Philippe; il eut à subir plusieurs condamnations politiques, qui le forcèrent à partir pour Londres, où il élabora son système icarien. Après cinq ans d'exil, il revint à Paris, fit reparaître *le Populaire*, et ne cessa depuis ce moment de répandre dans les masses les doctrines socialistes. Il a trop donné de preuves de patriotisme et de dévouement aux démocrates, pour qu'il ait pu être omis sur la liste des candidats parisiens à l'Assemblée législative.

ÉDOUARD HERVÉ.

Edouard Hervé est né à Paris le 19 octobre 1818. Dès sa plus tendre jeunesse, il combattit avec énergie pour la République. A l'âge de quinze ans et demi, lors des affaires d'avril en 1834, ne consultant que son cœur et son courage, il alla combattre avec les autres patriotes contre le gouvernement despotique de Louis-Philippe. Pendant la lutte, il est atteint d'un coup de feu à l'épaule gauche et reçoit trois autres blessures d'arme blanche; puis, fait prisonnier, on le conduit à la préfecture de police, où les honnêtes et modérés de l'ancien régime, comme ceux du nouveau, faillirent l'assassiner. Hervé resta pendant une année dans les cachots comme détenu pour les affaires d'avril. En 1839, lorsque Barbès essaya généreusement de reconquérir les droits sacrés du peuple, Hervé combattit encore. Ce ne fut que par miracle qu'il s'échappa de la rue Pastourelle où il se trouvait; mais onze jours après ayant été arrêté, les portes de la prison se refermèrent sur lui, et la cour des pairs lui fit subir dans les cachots huit mois de prévention.

Depuis 1840 jusqu'en 1848, il prêche le socialisme dans la *Revue sociale*, et fait des cours aux ouvriers. En 1848, comme tous les républicains, il est un des premiers dans le mouvement du 22 février. La révolution de février achevée, il devint membre du bureau dans le club de Blanqui, puis de celui de la Révolution, dont Barbès était président. Après la malheureuse journée du 15 mai, Barbès ayant été renfermé à Vincennes, Hervé lui succéda comme président. Depuis l'insurrection de juin, Hervé est devenu rédacteur du journal *la République* et correspondant du *Républicain de Lyon*. Tels sont les antécédents de Hervé, qui se recommande ainsi aux électeurs comme un homme qui sait manier la parole, la plume et l'épée.

JEAN-ÉDOUARD DEMAY.

Jean-Edouard Demay, âgé de trente-sept ans, né au Blanc, département de l'Indre, est fils d'un cultivateur. — Appelé par le sort sous les drapeaux, en 1832, il entre, le 16 novembre, comme soldat dans le 43ᵉ régiment de ligne, malgré ses parents, qui voulaient le faire remplacer. Demay ne le voulut pas, d'abord parce qu'il croyait que tout citoyen doit son impôt de sang à la patrie, et ne doit pas s'en dispenser, si riche qu'il soit; ensuite, parce qu'il ne voulut pas endommager la petite fortune de ses parents, qui avaient encore cinq enfants à nourrir. — Dans son régiment, on le remarqua bientôt comme un homme de cœur et d'intelligence, et on le fit caporal le 18 août 1833, caporal-fourrier le 8 février 1834, sergent-fourrier le 18 février 1834, sergent premier secrétaire du trésorier le 1ᵉʳ janvier 1836, sergent-major le 31 décembre 1836. Proposé comme officier en 1837, il est nommé sous-lieutenant le 16 janvier 1840, sous-lieutenant porte-drapeau le 31 août 1840. Le 28 octobre 1840, il passe comme sous-lieutenant au 10ᵉ chasseurs à pied, sous-lieutenant trésorier en 1841, lieutenant trésorier le 5 juillet 1842.

Par décisions ministérielles en date du 12 avril dernier, Demay est renvoyé comme lieutenant au 9ᵉ, en Afrique.

C'est une disgrâce que lui ont attirée des opinions très-avancées et des liaisons intimes avec les rédacteurs des journaux démocrates socialistes et les représentants de la Montagne.

Sa conduite toute républicaine à Toulouse pendant la révolution de Février, lui a attiré l'inimitié personnelle de M. Rulhières, qui était commandant de la ville, et qui est actuellement ministre de la guerre, après avoir été l'ami et le partisan le plus dévoué de Louis-Philippe.

SE TROUVENT

A LA PROPAGANDE DÉMOCRATIQUE ET SOCIALE

Rue des Bons-Enfants, 1, à Paris.

Envoyer un mandat à l'ordre du citoyen Ballard.

PROPAGANDE ÉLECTORALE, série de feuilles avec portraits. — Le Peuple, Lamennais. — Union des démocrates, Cabet. — Prêtres et socialistes, Raspail. — Milliard des émigrés, Barbès. — Les Revenants, par Pierre Lefranc, représentant du peuple. — Chaque, 1 fr. le 100.
— Les Paysans et les soldats, de Pyat, avec portrait. Chaque, 50 cent. e 100.

GALERIE DE LA MONTAGNE, biographies et portraits d'après nature. — Astaix, Bac, Beaune, Bertholon, Benoit, Bravard-Toussaint, Breymand, Brives, Bruys, Buvignier, Calès, Cholat, Clément-Auguste, Considerant, David (d'Angers), Dain, Demontry, Delbetz, Detours, Deville, Doutre, Dubarry, Fargin-Fayolle, Gambon, Gent, Germain Sarrut, Greppo, Guinard, Jandeau, Joigneaux, Joly, Edmond Joly, Labrousse, Lagrange, Lamennais, Lasteyras, Laurent de l'Ardèche, Ledru-Rollin, Pierre Lefranc, Pierre Leroux, Madet Maichin, Martin Bernard, Mathé, Mathieu (de la Drôme), Ménand, Michot, Mie, Morhéry, Mulé, Ollivier, Paulin Durieu, Pégot-Ogier, Pelletier, Perdiguier, Pyat, Eugène Raspail, Robert, Ronjat, Schœlcher, Signand, Terrier, Vignerte. — Chaque, 1 fr. le 100.

JOIGNEAUX, représentant du peuple. — *Lettre d'un paysan aux cultivateurs.* — *Dernières lettres d'un paysan aux cultivateurs.* — Chaque, 20 centimes, 15 fr. le 100.
Le Socialisme dans les campagnes, 75 centimes le 100. — *Lettre trouvée à la porte d'une caserne,* 5 centimes, 2 fr. le 100.

JACQUES BONHOMME. — *Une Soirée à la caserne,* 5 cent., 2 fr. 50 cent. le 100.
— *Le chemin de la Croix,* avec 14 gravures, 32 pages d'impression, 10 cent. l'exemplaire, 6 fr. le 100.

GABRIEL MORTILLET. — *Politique et Socialisme à la portée de tous.* I. Histoire du drapeau rouge. II. Bases de la politique. III. La propagande c'est la révolution. IV. (Saisi). V. Plus d'octroi! [plus de droits-réunis! VI. Les jésuites. — Chaque, 5 cent., 2 fr. le 100.
— VII. *La Guillotine, dernière raison des réactionnaires,* en encre rouge, 15 cent. 10 fr. le 100.

Imp. Lacrampe fils et comp., rue Damiette, 2.

www.ingramcontent.com/pod-product-compliance
Lightning Source LLC
Chambersburg PA
CBHW060701050426
42451CB00010B/1232